AF294909

Kristin Titze

Lass mich

stark für

DICH sein

Himmlische Post

von DEINEM Gott

Lass mich stark für DICH sein

Himmlische Post von DEINEM Gott

1. Auflage

Cover und Gestaltung © Kristin Titze

© 2025 by Kristin Titze

Verlag: BoD · Books on Demand GmbH, Überseering 33,
22297 Hamburg, bod@bod.de
Druck: Libri Plureos GmbH, Friedensallee 273,
22763 Hamburg

ISBN:978-3-7693-7666-1

Bibliografische Information der Deutschen Nationalbibliothek:
Die Deutsche Nationalbibliothek verzeichnet diese Publikation
in der Deutschen Nationalbibliografie; detaillierte bibliografische
Daten sind im Internet über dnb.dnb.de abrufbar.

Die Bibelstellen wurden von den folgenden Übersetzungen
entnommen:

„Hoffnung für alle" Bibel. 1986,1996,2002 International Society

Inhalt

Dir, Herr, will ich von ganzem Herzen danken,
von all deinen wunderbaren Taten will ich
erzählen.

Wie dieses Buch entstanden ist

Ich liebe Kinder. Tatsächlich habe ich im Laufe meines Lebens immer wieder bemerkt, dass ich unter ihnen sehr freudig bin und mich gern in den Kreis der Kinder und jungen Erwachsenen begebe. Die spürbare Aufrichtigkeit, die oft noch vorhandene Reinheit und Neugierde ihrerseits, haben etwas sehr Wertvolles.

Da es in meinem Empfinden zunehmend verloren geht oder Kinder mit zu wenig Respekt und der Liebe behandelt werden, wie es Ihnen gebührt, hat Gott wohl auch den Wunsch in mein Herz gelegt, mit meinen Möglichkeiten als Mensch auf dieser Erde, genau dieses Wertvolle beschützen und bewahren zu wollen. Kinder sind große Geschenke, von denen wir lernen dürfen!

ER stellte mich in diesem Jahr in ein ganz besonderes Arbeitsumfeld: als Schulbegleitung für ein junges Mädchen, die den Rollstuhl benötigte und das aufgrund eines langwierigen

Prozesses bereits über mehrere Jahre immer wieder.

Schon der Beginn ließ für mich deutlich werden, dass Gott die Führung übernahm. Ich bat ihn in meinem nächsten Job doch die Hände und Beine für Jesus hier auf dieser Erde sein zu dürfen und genau das waren die Worte der blinden Assistentin im Einstellungsgespräch: „Sie wären dann die Arme und Beine für die Kundin sozusagen!"

Dass ich so viel mehr wahrnehmen würde, führte zu diesem Buch. Es war Gott der meinte: Ich zeige dir, wie es Kindern und Jugendlichen, ja auch vielen Erwachsenen hier geht und dann darfst du Ermutigungstexte schreiben. Während dieser Zeit war es mir ein Bedürfnis für Heilung zu beten und ich wusste wer hier aus meiner Perspektive heilsam wirkte: JESUS!

So überraschte es mich nicht, als die Mutter der Schülerin irgendwann meinte, ihre Tochter habe kaum mehr Schmerzen, es könne auf dem Weg des Heilungsprozesses bereits einen Monat früher operiert werden.

Ein Traum in dem ich ein freudiges und gehendes Mädchen sah, bestätigte mir Alles. Nach vielen Jahren großen Kraftaufwandes, Entbehrung und Herausforderungen für die ganze Familie, hat sie es geschafft ohne erneute Komplikationen oder erneuten Eingriffen auf eigenen Beinen zu stehen.

Ich weiß und wünsche, dass sich ein WUNDERvolles Leben für sie und ihre Familie entfalten mag, zusätzlich zu dem, was sie bereits im Miteinander leben und bewältigt haben.

Darüber hinaus wünsche ich jedem kleinen oder größeren Kind, Kraft und Mut aus den Kurztexten entnehmen zu können, mit dem Wissen: wir brauchen nie etwas allein zu bewältigen! Lassen wir IHN stark für uns sein und seinen Frieden in uns dadurch erleben und verschenken.

Kristin

10

Ich liebe Alles an DIR

Mein geliebtes Kind,

DU bist wunderbar von mir gemacht worden. Ich kenne DICH schon eine sehr lange Zeit und auch alles was noch vor DIR liegt, ist mir jetzt schon vertraut. Alles an DIR ist liebenswert und von mir bis ins kleinste Detail so durchdacht und geplant, was DICH absolut einzigartig in dieser Welt macht. Die Menschen in DEINER Umgebung geben DIR vielleicht manchmal ein schlechtes Gefühl bezüglich DEINES Aussehens oder Seins, was dazu führt, dass DU DICH bemängelst. Manches an DIR passt sogar kein bisschen zu weltlichen Traumvorstellungen.

Falls DU darunter leidest, suche meine Nähe. Ich möchte DIR alle DEINE inneren und äußeren Schönheiten zeigen.

Als der, der DICH geschaffen hat, liebe ich DICH von Kopf bis Fuß und es hat noch verborgene Gründe, warum es DICH genauso geben muss. Falls DU wieder einmal an dir zweifelst, dann denke daran: DEIN Himmelspapa hat DICH genauso gewollt. Ich liebe DICH!

Psalm 139/13-14

(Hoffnung für Alle Bibel)

13 Du hast mich mit meinem Innersten geschaffen, im Leib meiner Mutter hast du mich gebildet. 14 Herr, ich danke dir dafür, dass du mich so wunderbar und einzigartig gemacht hast! Großartig ist alles, was du geschaffen hast— das erkenne ich!

Zu mir kannst DU immer kommen

Da ich Gott bin, ist mir Alles möglich. Für Menschen braucht es oft Pläne und das Einhalten der festgelegten Termine und selbst DEINE Allerliebsten können nicht jederzeit für DICH greifbar sein. Wenn DU also an mich denkst, bin ich schon da. Ja, ich begleite DICH immer! Obwohl ich auf der ganzen Welt sehr, sehr viele Kinder mein nennen darf, sollte DICH diese Tatsache nie davon abhalten jederzeit Verbindung mit mir zu suchen.

Ich höre und sehe DICH und empfange Alles, was DU mir bringen magst. Ich bin immer da, dessen sei DIR sicher. Ich habe große Lust zu hören wie es DIR geht und obwohl ich als DEIN Vater bereits viel von DIR weiß, suche ich genauso die Beziehung und freue mich,

wenn DU zu mir kommst. Schon die Aussage:
„Hallo Gott", wird gehört, denn mir entgeht
Nichts. Je mehr wir in diesem engen Kontakt
stehen, habe ich die Möglichkeit DICH zu stärken,
DICH anzufüllen mit Vertrauen und Erstaunliches
darf entstehen, denn ich kümmere mich um das
was DU mir bringst.

Der Herr ist eine starke Festung: Wer das Rechte
tut, findet bei ihm sichere Zuflucht.

Fragt nach dem Herrn und rechnet mit seiner
Macht, wendet euch immer wieder an ihn!

Ich beschütze DICH

Das ist es, was ich den ganzen Tag und auch in der Nacht mache: Auf DICH aufpassen!

Diese Welt ist laut, voller Chaos und sehr kaputt. Nahezu jeder Mensch trägt ein gebrochenes Herz. Ich sehe DEINE Umstände und weiß welchen täglichen Gefahren DU ausgesetzt bist. Genau deshalb möchte ich, dass DU weißt wie wichtig es ist, mich um Schutz zu bitten. Meine Engel sind in liebevollem und ständigem Einsatz unterwegs und erfüllen meinen Willen. Manchmal ärgerst DU DICH vielleicht über Steine die im Weg liegen und DEIN Tag dann nicht wie gewünscht läuft. Umwege sind oft Schutzmaßnahmen.

Aus meinem Blickwinkel wird deutlich, wann etwas gut für DICH ist und wann ich DICH noch davon zurückhalte, da DEIN Herz Vorbereitung braucht, um zur richtigen Zeit damit umzugehen. Vertraue mir unbedingt und flieh in Gedanken und im Gebet in meine väterlichen Arme. Diese sind immer weit geöffnet und gemeinsam gehen wir durch den Tag, von Moment zu Moment!

1 Wer unter dem Schutz des Höchsten wohnt, der kann bei ihm, dem Allmächtigen, Ruhe finden. 11 Denn Gott wird dir seine Engel schicken, um dich zu beschützen, wohin du auch gehst.

Ich bitte dich nicht, sie aus der Welt zu nehmen, aber schütze sie vor der Macht des Bösen!

Ich gebe DIR DEINEN Wert

Wenn Du DICH umschaust, wollen die meisten Menschen irgendwer sein und bewerten sich dann gegenseitig recht schnell. Oft wird etwas dargestellt, was nicht der Realität entspricht. Selbst als Kleinkind unterstehst DU schon einem Urteil, was DU alles können solltest oder wie DU bereits etwas erreicht haben solltest. Mit anderen Worten, wenn DU DEINEM Umfeld gefällst, bist DU etwas wert. Schnell glaubst DU dieser Unwahrheit, wenn viele das vorleben.

Meine Sicht auf DICH ist vollkommen anders, weil DU für mich VOLLKOMMEN bist! Ich sehe DICH mit liebevollen Augen und weiß, was ich für DICH vorhabe.

Wenn DU mit mir zusammen, den Weg gehst, DIR zeigen zu dürfen, wer DU bist und wie unendlich wertvoll DU bereits bist, dann wirst DU vielleicht Vieles anders machen, jedoch wirst

DU DICH gleichzeitig freier fühlen, denn Dir ist
klar: DU bist ein Königskind, eine höhere Position
gibt es nicht. Mit dieser Erkenntnis, hast DU
nicht nur den Schlüssel zu meinem Reich in der
Hand sondern auch die Möglichkeit auf geistiger
Ebene zu fliegen! Ja, es ist so viel möglich, doch
ich werde DICH nie überfordern.

Jesaja 43, 4

So viel bist du mir wert, dass ich Menschen und
ganze Völker aufgebe, um dein Leben zu
bewahren. Diesen hohen Preis zahle ich für dich,
weil ich dich liebe.

Jeremia 29, 11

Denn ich allein weiß, was ich mit euch vorhabe:
Ich, der Herr, habe Frieden für euch im Sinn und
will euch aus dem Leid befreien. Ich gebe euch
wieder Zukunft und Hoffnung. Mein Wort gilt!

Nimm mein Tempo für DICH an

Diese Welt ist schnell. DU hörst wahrscheinlich oft: Wer nicht schnell genug ist, schneidet schlechter ab. Selbst in DEINEM vertrauten Umfeld fallen Sätze wie: Mach schnell, sonst kommen wir zu spät oder erledige das jetzt noch schnell...Im Internet und den modernen Medien wird auch alles sehr rasant gezeigt oder erklärt. Klingt äußerst anstrengend!

Ganz anders ist es bei mir. Ich wünsche DIR mehr Ruhe, mehr Entspannung für DICH. Komm zu mir in die Stille und erlaube DIR langsamer zu werden. Hier kannst DU Kraft tanken. Ich zeige DIR wann was zu erledigen ist.

Ein bestimmtes Tempo sagt nichts über DEINEN Wert aus. Was zählt ist, dass wir es zusammen

angehen. Darf ich DICH bei der Hand nehmen
und wir schauen gemeinsam wie schnell oder wie
sinnvoll es gerade ist eine Sache zu erledigen?

DU wirst sehen, jeder Moment, jeder Tag, kann
auf diese Art und Weise etwas ganz Besonderes
werden.

Jesaja 30, 15

So spricht der Herr, der Heilige Gott Israels:
Kehrt doch um zu mir und werdet ruhig, dann
werdet ihr gerettet! Vertraut mir und habt
Geduld, dann seid ihr stark!

Matthäus 11, 28

Kommt alle her zu mir, die ihr euch abmüht und
unter eurer Last leidet! Ich werde euch Ruhe
geben.

Vertraue meiner Stimme

Wie viel hörst DU am Tag? Was nimmst DU vielleicht nachts in DEINEN Träumen wahr? So manche Stimmen wollen DIR etwas einreden was nicht von mir kommt, nicht aus meinem Heiligen Geist. Aggressiven und lauten Stimmen, die vielleicht Tolles versprechen, vertraue besser nicht. Auch die tollste Musik kann in unterschiedlichen, DIR nicht vertrauten Sprachen einen fatalen Inhalt besitzen und DIR unbewusst schaden.

Ich nähere mich DIR immer behutsam und liebevoll. Manchmal spreche ich bewusst durch DEIN Umfeld. Dabei klage ich nie an. Ich würde DIR nie weh tun. Wenn DICH Gedanken weiterbringen, DU Wahrheit fühlst oder intensiv Frieden verspürst, ist die Wahrscheinlichkeit groß, dass es von mir für DICH ist.

Konzentriere DICH also weitestgehend auf das
Gute und Sinnvolle was DU tagtäglich hörst,
dann filterst DU aus Allem die wichtige Botschaft
heraus. In meinen Worten empfängst DU immer
Klarheit und Liebe und diese ist unaufhörlich
groß!

Meine Schafe hören auf meine Stimme; ich kenne
sie, und sie folgen mir.

Wer das Urteil der Menschen fürchtet, gerät in
ihre Abhängigkeit; wer dem Herrn vertraut, ist
gelassen und sicher.

Meine Liebe ist ein Geschenk an DICH

Leistung ist für mich ein Fremdwort. Es ist bei mir viel leichter, wenn DU Folgendes weißt: Alles was bei mir zählt, ist es DEIN Herz zu kennen und damit DEINE Zeit, die DU mir schenkst. Leider glauben auch viele meiner Kinder in der Kirche, sie müssten hier Leistung vollbringen und etwas perfekt machen. Ein aufrichtiges Herz, DEINE Sehnsucht zu mir und unser Miteinander bedeuten mir am Allermeisten!

Viele Menschen, die nicht danach streben noch mehr zu tun oder dem ständigen Drang unterliegen etwas ganz genau zu machen, strahlen oft einen tiefen Frieden aus. Sie erkennen, dass sie nichts leisten müssen und

auch kein Besitz der Welt ihren Wert bestimmt. Bei mir darfst DU sein. Ist es nicht auch so, aus

dem Blickwinkel von irdischen Eltern einem
Neugeborenen gegenüber? Ich wünsche DIR genau
das: DU darfst empfangen, nicht weil DU etwas
getan hast für mich, sondern, weil ich DICH
erschaffen habe und nicht anders kann als zu
lieben.

Psalm 147, 3

Er heilt die Menschen, die innerlich zerbrochen
sind, und verbindet ihre Wunden.

1. Johannes 4, 19

Wir lieben, weil Gott uns zuerst geliebt hat.

1. Korinther 13, 8

Die Liebe wird niemals vergehen.

DEINE Sorgen hätte ich gerne

Wenn Menschen diesen Satz sagen, fühlt es sich selten gut an. Ich sage diesen Satz in liebevoller Absicht und meine ihn genau so! Egal wie klein oder groß DEINE Herausforderungen gerade sind, wenn es für DICH belastend wird, höre ich DIR ohne Bedingung zu. In dem Moment, wo DU mir von DEINER Sorge erzählst, arbeite ich bereits an einer Lösung mit der DU nicht unbedingt rechnest.

Wenn DU also bereits früh morgens mit Ängsten und Nöten erwachst, vertraue sie mir an und gib es auf alles zu bedenken. Auch nachts helfe ich DIR und sorge dafür, dass DU wieder friedlich in den Schlaf findest. Jedes Problem, auch wenn es für DEIN Umfeld keins darstellt, nehme ich ernst, denn ich kenne DEIN Herz und verstehe jede Situation, da ich der bin, der in DEINEM Leben Regie führt. Lässt DU es zu, dass die

Sorgen des Tages gleich zu mir rüber gereicht werden? Ich kümmere mich sehr gern darum, damit DEIN Tag einen wunderbaren Verlauf nimmt.

Deshalb sorgt euch nicht um morgen – der nächste Tag wird für sich selber sorgen! Es ist doch genug, wenn jeder Tag seine eigenen Schwierigkeiten mit sich bringt.

Ihr Menschen, vertraut ihm jederzeit und schüttet euer Herz bei ihm aus! Gott ist unsere Zuflucht.

Lass mich stark für DICH sein

Ich bin Gott. Ich bin der, der Alles kann, Alles ordnet und bewältigt! DU bist mein Kind, ein Teil von mir. Der Versuch die Dinge immer selbst zu meistern, gelingt vielleicht hier und da, jedoch gibt es unzählbar viele Situationen, in denen es DIR schnell unmöglich wird, dass es mit Gelingen gekrönt ist. Hier kommt es auf DEINE Einstellung an. Darf ich DEINEN Tag gestalten? Darf ich der sein, der die Last ganz trägt und DICH mit Allem ausrüstet, was DU heute brauchst?

Wenn DU weißt wie stark DEIN Gott ist, wird das, was im Weg ist kleiner. Ich weiß was DU wann brauchst und wie viel Kraft dafür nötig ist. Ich schenke DIR meine. DU brauchst es nur zu denken: Herr, gib mir die Kraft, sei DU meine Stärke.

Damit lobst DU mich gleichermaßen und kannst
sicher sein, zusammen bewältigen wir das, was
vor DIR liegt.

Fürchte dich nicht, denn ich stehe dir bei; hab
keine Angst, denn ich bin dein Gott! Ich mache
dich stark, ich helfe dir, mit meiner siegreichen
Hand beschütze ich dich!

Der Herr selbst wird für euch kämpfen, wartet
ihr nur ruhig ab!

DEINE Gefühle sind wichtig

Und zwar jedes einzelne, denn ich habe dem Menschen die Gefühle gegeben! Ich weiß schon, sowas wie Wut, Zorn, Scham oder Ängste sind nicht so beliebt da draußen, aber sei DIR gewiss, ich erschaffe Nichts umsonst. Jedes DEINER Gefühle hält eine Botschaft bereit und ist ein Geschenk, was wir zusammen entdecken können. Schau DEINE Wut an, dahinter liegt oft ein Bedürfnis, vielleicht etwas, was DIR fehlt und in dem Moment nicht gegeben wird.

Wie beruhigend ist es für DICH, wenn DU damit zu mir kommst und ich sage: Das ist okay, das darf sein und jetzt lenken wir es in die richtige Richtung. Das heißt nicht irgendwas zu unterdrücken, sondern zu schauen, was DU heute brauchst. Ich helfe DIR dabei aus Wut Freude entstehen zu lassen, ich verwandle DEINE Angst

in Mut und jede Sehnsucht in echten Frieden.
Vertraust DU es mir an?

Doch gerade dann, wenn ich Angst habe, will ich
mich dir anvertrauen.

Der Herr selbst geht vor dir her. Er steht dir bei
und verlässt dich nicht. Immer hält er zu dir.
Hab keine Angst und lass dich von niemandem
einschüchtern!

Macht euch keine Sorgen! Ihr dürft in jeder Lage
zu Gott beten. Sagt ihm was euch fehlt, und
dankt ihm! Dann wird Gottes Friede, der all
unser Verstehen übersteigt, eure Herzen und
Gedanken bewahren, weil ihr mit Jesus Christus
verbunden seid.

Achte DEIN Umfeld

Im Laufe eines Tages kann es eine Menge Angriffe von außen geben. Damit meine ich die vielen kleinen und manchmal auch größeren Dinge, die nicht von mir kommen. Jemand der DICH bloßstellt, ein verletzendes Wort oder jemand, der DICH abwertend anschaut oder behandelt. Dies führt zu Kränkung und kann sehr weh tun, da oft nicht nachgedacht wird, wo es hinführt und was es auslöst.

Du jedoch bist ein Königskind, was auch dadurch sichtbar wird, dass DU solche Attacken zwar wahrnimmst, aber anders darauf reagierst. Gehe respektvoll mit jedem um, auch wenn jemand unfair wird. DU bekommst die Kraft von mir so zu handeln. Was glaubst DU welche Auswirkungen es hat, wenn DU ruhig und gelassen bleibst obwohl man DICH angreift?

Setze ein Zeichen in dieser Welt und gib DEIN
Licht hinzu, zuvor schenke ich DIR meins, wenn
DU es erkennst und annehmen möchtest.

1.Thessalonicher 5, 21

Prüft jedoch alles und behaltet das Gute!

Philipper 4, 13

Alles kann ich durch Christus, der mir Kraft und
Stärke gibt.

Matthäus 6, 33

Setzt euch zuerst für Gottes Reich ein und dafür,
dass sein Wille geschieht. Dann wird er euch mit
allem anderen versorgen.

DEINE Gebete haben Kraft

Was ist Gebet für DICH? Ein Gedanke, eine wertvolle Bitte, eine Bitte für jemanden, die du Gott vorträgst? Gebet darf Freude bereiten und nie zur Anstrengung werden. Es darf zu DEINER Zeit stattfinden und nicht nach festgelegten Regeln.

Selbst Worte, die in Eile ausgesprochen werden, jedoch in aufrichtiger Intensität, entgehen mir nicht und bewirken sehr viel. Stell DIR eine Mauer vor. Eine Kraft mit negativem Einfluss hält sie aufrecht und nun kommt eines DEINER Gebete und sorgt für Risse, die so heftig Entfaltung finden können, dass ganze Mauern fallen.

Ein Gebet, das meinem Willen entspricht und einen liebevollen Sinn beinhaltet, kann ich mit Leichtigkeit erfüllen. Manche Gebete dürfen über einen längeren Zeitraum gesprochen werden bis

die Umsetzung erfolgt. Um den richtigen
Moment mache ich mir Gedanken.

Jakobus 5, 16

Denn das Gebet eines Menschen, der nach Gottes
Willen lebt, hat große Kraft.

1. Johannes 5, 14

Deshalb dürfen wir uns auch darauf verlassen,
dass Gott unser Beten erhört, wenn wir ihn um
etwas bitten, was seinem Willen entspricht.

Sprüche 3, 5

Verlass dich nicht auf deinen eigenen Verstand,
sondern vertraue voll und ganz dem Herrn!

Lasse besser gleich: den Vergleich

Ich habe euch alle anders erschaffen, sowohl im Aussehen, als auch was eure Fähigkeiten und Talente angeht. Wieso glaubt ihr oft es genauso machen zu müssen wie der oder die oder gar darüber zu urteilen? Dieses Verhalten bringt DICH in ein inneres Gefängnis. Es führt dazu, dass DU von mir abgelenkt bist und DU nicht gleich erkennst, was ich auf dem Weg für DICH als richtig und wichtig empfinde.

Ich sage es DIR gern immer wieder: Weil es DICH nur ein einziges Mal genauso gibt auf dieser Welt, möchte ich, dass DU alles an DIR liebst oder versuchst alles an DIR zu lieben. Es gilt herauszufinden, was ich durch DICH und DEINE Qualitäten alles in dieser Welt bewirken kann. Auch wenn DIR etwas nichtig oder klein erscheint, so kann es dennoch wachsen und Einiges bewirken. Denke dabei an die kleine Raupe. Von außen betrachtet wirkt dieser Teil des Prozesses vielleicht weniger spannend, doch hat sie sich völlig entwickelt und macht sich frei, wird es sichtbar und dem Fliegen steht nichts im Wege. Die Geduld bis dahin und das Vertrauen in DEINE Fähigkeiten machen DICH so reich... also lass ihn, den Vergleich.

Psalm 111, 3

Was Gott tut, ist eindrucksvoll und einzigartig;
auf seine Gerechtigkeit ist für immer Verlass.

Psalm 18, 33

Gott allein gibt mir Kraft zum Kämpfen und
ebnet mir meinen Weg.

DU bist, mit wem DU DICH umgibst

Beziehungen sind wichtig für DICH, ob Familie oder Freunde. Den Menschen habe ich erschaffen, damit er nicht alleine sei. Mir liegt jedoch sehr am Herzen mit welchen Menschen DU DICH umgibst und wie DU DICH dabei fühlst. Schenken sie DIR Freude, Motivation und behandeln DICH respektvoll? Erkennen sie DEINE Grenzen und nehmen sie DEINE Gefühle ernst?

Einige bringe ich in DEIN Leben, um genau das herauszufinden und daran zu üben DEINEN Wert zu erkennen. Es macht einen Unterschied ob DU gestärkt oder betrübt bist nach Begegnungen. Ich wünsche mir für DEIN Umfeld genau jene, die DICH annehmen und an wohltuender Zeit mit DIR interessiert sind.

Manche Menschen sind nur eine bestimmte Zeit
in DEINEM Leben, andere wiederum Zeit
DEINES Lebens. Ich passe auf DICH auf und löse
manchmal auch zeitweise Beziehungen, weil nur
ich überblicke, wann wer gut für DICH ist.

Versuche dennoch immer gut darauf zu achten
wem DU DEINE kostbare Zeit schenkst.

Psalm 37, 37

Achte auf die Menschen die aufrichtig und
ehrlich sind! Du wirst sehen: Auch in Zukunft
werden sie in Frieden leben.

Sprüche 13, 20

Wenn du mit vernünftigen Menschen Umgang
pflegst, wirst du selbst vernünftig. Wenn du dich
mit Dummköpfen einlässt, schadest du dir nur.

DU bist einzigartig, DEIN Weg auch

Jeder Mensch auf dieser Erde ist in Gottes Augen wertvoll. Jeder darf selbst wählen ob er sich für oder gegen mich entscheidet. Das beinhaltet auch ob man mir die Führung und Plangestaltung des eigenen Lebens überlässt oder sich kämpferisch allein auf den Weg macht, um Kontrolle zu behalten. Das kann mitunter sehr anstrengend werden.

Bei mir gibt es keine starren Zeitpläne. Ich möchte jedes Detail für DICH planen, weil ich über enorme, grenzenlose Weisheit verfüge und weiß wie DEIN Leben ein wunderschönes Gesamtwerk wird.

Auf diesem Weg wird viel Unerwartetes liegen, was es gleichzeitig herrlich aufregend macht. Bist DU bereit mir auf diesem Weg das Steuerrad zu überlassen und mit mir zusammen Entscheidungen zu treffen? Stell mir all DEINE Fragen und ich werde antworten, wenn DU offen für die Zeichen bist, die nur Ich schenken kann.

Er hat mir neue Kraft geschenkt und mich beschützt. Ich habe ihm vertraut, und er hat mir geholfen. Jetzt kann ich wieder von Herzen jubeln! Mit meinem Lied will ich ihm danken.

DU BIST GELIEBT!

DU BIST SICHER!

DU BIST GEBORGEN!

Je mehr DU ihn suchst,

wirst DU Wundervolles erleben.

MIT GOTT BIST DU NIE ALLEIN!

Matthäus 18, 10

Hütet euch davor, hochmütig auf die herabzusehen, die euch klein und unbedeutend erscheinen. Denn ich sage euch: Ihre Engel haben immer Zugang zu meinem Vater im Himmel.